CONFÉRENCE BONCENNE

(Palais de Justice de Niort)

LA LIBERTÉ TESTAMENTAIRE

DISCOURS PRONONCÉ A LA SÉANCE DE RENTRÉE DE LA CONFÉRENCE
LE VENDREDI 5 NOVEMBRE 1875

PAR

AMÉDÉE TROUILLARD

AVOCAT

NIORT
TYPOGRAPHIE DE L. FAVRE
1875

LA LIBERTÉ TESTAMENTAIRE

CONFÉRENCE BONCENNE

(Palais de Justice de Niort)

LA LIBERTÉ TESTAMENTAIRE

DISCOURS PRONONCÉ A LA SÉANCE DE RENTRÉE DE LA CONFÉRENCE
LE VENDREDI 5 NOVEMBRE 1875

PAR

AMÉDÉE TROUILLARD

AVOCAT

NIORT
TYPOGRAPHIE DE L. FAVRE
1875

CONFÉRENCE BONCENNE

LA LIBERTÉ TESTAMENTAIRE

> « Partout et dans tous les pays connus, civilisés ou non, les désirs exprimés par le père, dans son moment suprême, parlent plus haut aux enfants recueillis que toutes les lois de l'ordre civil. »
>
> (TROPLONG, *Des Donations entre-vifs et des Testaments* : préface.)

MESSIEURS,

La loi qui régit en France les successions est-elle en harmonie avec l'organisation morale et matérielle de la famille ? Ses effets, avantageux ou contraires à l'intérêt des individus, sont-ils, dans l'ordre social, utiles ou bien funestes à la prospérité de l'Etat ?

Telles sont les questions que je me propose d'examiner dans cet essai sur la Liberté testamentaire.

I

Et d'abord, en m'entendant prononcer les mots de Liberté testamentaire, n'allez-vous pas, Messieurs, vous effrayer de ma hardiesse ? Eh quoi, me direz-vous, auriez-vous donc dessein de substituer la liberté souveraine du père de famille à la volonté du législateur ; avez-vous oublié que notre Code subordonne la dévolution testamentaire à la dévolution *ab-intestat*, qu'il proscrit cette liberté que vous revendiquez et, qu'à part une sphère étroite dans laquelle la volonté du testateur peut se mouvoir librement.

il ne lui est pas permis de franchir les limites tracées par la loi civile, qui est réputée offrir en cette matière un type absolu de justice auquel on est tenu de se conformer ?

Je sais ces choses, Messieurs, mais je sais aussi que notre régime successoral, inauguré par la loi du 7 mars 1793, longtemps vanté par nous comme un modèle de législation, est répudié par les nations modernes réputées les plus libres et les plus prospères. Puis je me souviens aussi que, depuis l'ère chrétienne jusqu'à nos jours, l'Europe, dans son ensemble, s'est constituée, a prospéré et grandi à l'ombre d'un régime opposé, et qu'enfin dans l'antiquité, à part le gouvernement de Sparte, qui semble avoir personnifié l'oppression de l'individu par l'Etat, aucun peuple n'adopta jamais une loi de succession semblable à la nôtre. Voilà ce qui m'enhardit.

Il y a quelques mois, à la tribune de l'Assemblée nationale, un jurisconsulte d'une ville voisine, combattant un projet de loi aujourd'hui voté, faisait entendre ces paroles alarmées : « *Le Code civil sera attaqué.* »

Je comprends peu ce cri d'épouvante, bien que l'ayant entendu souvent ; car s'il est dans le monument, d'ailleurs si remarquable de nos Codes, quelques pierres mal assises, quelques parties défectueuses dérangeant l'ordre de son imposante architecture, pourquoi interdire le droit de les remplacer ? Est-ce donc là une entreprise si nouvelle ? Etaient-elles à ce point téméraires les mains qui, depuis 50 ans, reprenant l'œuvre des législateurs du commencement de ce siècle, ont modifié tour à tour le Code de commerce, les Codes de procédure civile et criminelle, le Code pénal et, à plusieurs reprises, le Code civil lui-même, auquel un fétichisme étroit voudrait aujourd'hui interdire de toucher.

C'est donc bien contre le Code civil et, il faut avoir le

courage d'en convenir, contre l'une de ses parties les plus importantes que mes critiques vont porter.

Mais avant, laissez-moi repousser bien loin l'ordinaire et banal reproche de poursuivre le retour aux priviléges de l'ancien régime. Celui qui, de nos jours, a le premier et avec un incomparable éclat, repris cette thèse de la liberté de tester, M. Le Play, écrivait dans son ouvrage sur la *Réforme sociale :* « Aucun changement de gouvernement, « aucune violente révolution ne peut délivrer la France « des maux qui l'affectent principalement, maux qui ne « sauraient être guéris que par une amélioration lente, « profonde, continue, dans le caractère, les opinions et les « coutumes du corps social tout entier. »

Cette absence de toute préoccupation politique ressort clairement de la simple lecture de ce livre, écrit après que son auteur, ancien conseiller d'Etat, inspecteur général des mines, commissaire général aux expositions universelles de Paris et de Londres, eût consacré trente années de sa vie à visiter les peuples européens pour en étudier les institutions et les mœurs; livre étonnant, dont un publiciste éminent a dit *qu'il était le plus fort de ce siècle*, et que M. Sainte-Beuve a vanté à son apparition comme l'*œuvre d'un Bonald rajeuni, progressif et scientifique*, et dont il admirait notamment le chapitre sur la tolérance, disant *qu'il ne savait pas de plus belle page de moralité sociale à méditer*.

C'est donc à tort que, dans son *Histoire de la Réserve testamentaire*, M. Boissonade, professeur de Droit à Paris, a exprimé la crainte que la liberté de tester ne soit réclamée aujourd'hui par les mêmes causes qui faisaient demander sous la Restauration le droit d'aînesse et les substitutions, et qu'elle ne soit une menace mal déguisée contre l'égalité civile et politique.

Il ne s'agit pas, comme semble le croire l'auteur dont je parle, de faire revivre des priviléges de caste ou de primogéniture à jamais éteints; c'est principalement, au contraire, dans l'intérêt des familles peu aisées de cultivateurs, d'artisans et de petits commerçants, que la réforme testamentaire est demandée. Bien plus que les familles riches, celles-ci, je vous le démontrerai, sont appelées à recueillir les bienfaits de la liberté par la raison même qui fait qu'aujourd'hui elles souffrent davantage des conséquences du régime opposé.

Le commerce surtout appelle de ses vœux la réforme et ne cesse, depuis 10 ans, de faire entendre ses doléances. En 1865, sur l'initiative de M. Larsonnier, fabricant de tissus, 130 négociants de la province et de la capitale ont les premiers, dans une pétition au Sénat, réclamé la liberté testamentaire. L'année suivante, 400 paysans et ouvriers de la Creuse signaient une pétition semblable, rédigée par un industriel d'Aubusson. Aussi, vit-on à cette époque les législateurs s'émouvoir, et, dès le 3 avril de l'année 1865, 41 députés, appartenant à tous les partis, votaient une proposition tendant au rétablissement de la liberté testamentaire, la plus importante de toutes les libertés civiles. Parmi ces 41 députés qui eurent le courage de heurter de front l'opinion publique abusée, on remarque les noms les plus saillants du monde commercial, les représentants des centres industriels, tels que MM. Ancel et Martel. Leurs noms se lisent à côté de ceux de MM. Bethmont, Gellibert des Seguins, Lambrecht, etc. Le 25 juin 1871, MM. Baragnon, Mortimer-Ternaux et Paul Bethmont renouvelèrent devant l'Assemblée nationale la proposition déjà présentée en 1865 au Corps législatif; et enfin, tout récemment, en dehors des sphères parlementaires, les chambres de commerce de Paris, de Bordeaux et d'autres grands centres, se préoccupant des intérêts du travail, des besoins et du malaise du pays, ont formulé des vœux dans le même sens. Après avoir constaté qu'en France, contrairement à ce qui a lieu dans les autres nations, chez les Anglo-Saxons notamment, l'agriculture et l'industrie, ces sources de la richesse nationale, ces deux mamelles du pays, sont abandonnées par les jeunes gens des classes aisées qui ne font rien ou qui se jettent en foule dans les carrières libérales improductives, les notables des chambres de commerce affirment que pour faire cesser l'amoindrissement de la fortune publique résultant de cet état de choses, il n'est d'autre moyen que d'accorder au père la liberté de tester. Par là, les pères de famille reprendront sur leurs enfants l'autorité qui leur appartient et pourront s'en servir pour les pousser dans les voies austères, mais fécondes du travail; par là aussi, les chefs d'établissements agricoles ou commerciaux pourront assurer à leurs entreprises la durée sur laquelle ils ne peuvent compter, aujourd'hui que chaque décès provoque fatalement une liquidation.

Ce n'est pas seulement dans le monde des affaires qu'on entend formuler des plaintes contre notre régime de succession. De divers côtés, des magistrats, des publicistes de toute opinion ont signalé les vices d'un Code qui, comme l'a dit M. Renan [1], *rend tout viager, où toute œuvre collective et perpétuelle est interdite, où les unités morales, qui sont les vraies, sont dissoutes à chaque décès.*

Que sont, dit M. Lanfrey [2], *que sont les abus possibles du droit de tester, abus inséparables de toute liberté et qui peuvent être d'ailleurs jusqu'à un certain point prévenus, auprès des inconvénients qui résultent de sa limitation excessive :*

(1) *Questions contemporaines*, préface.
(2) *Histoire de Napoléon Ier*, t. II, p. 129.

destruction de l'esprit de famille, anéantissement de l'autorité paternelle, ruine périodique des industries, tombant sous la loi de partage, pulvérisation indéfinie des fortunes comme des individus.

Dans une autre sphère, l'ancien procureur général M. Pinart [1], M. Emile Accolas, professeur de Droit à Paris, puis MM. de Persigny, Legouvé, Edmond About; dans des pays voisins, don Joaquin Cadafalch y Buguna, en Espagne [2]; MM. de Bousies et Moreau d'Andoy, en Belgique; à une autre époque, Benjamin Constant, Cazalès, Portalis, Montesquieu et d'autres encore ont soutenu la même thèse.

Vous le voyez donc, Messieurs, ce n'est pas l'esprit de parti qui pousse ce vaste courant d'opinion qui va chaque jour grossissant et qui m'a paru être déjà assez fort pour qu'il fût bon de vous en entretenir.

Rien au reste ne serait plus fâcheux que de mêler à de semblables questions des préventions politiques. Si notre régime successoral, malgré ses défauts, a compté et compte encore aujourd'hui tant et de si éminents défenseurs, c'est précisément parceque dans notre pays on a coutume de juger les insitutions d'après un idéal philosophique ou politique, plutôt que d'avoir égard aux conséquences pratiques de ces institutions. Dangereux système, qui circonscrit nos moyens d'information et nous prive de cette méthode expérimentale, aujourd'hui si justement vantée pour l'étude des sciences et qui doit servir à la solution des problèmes sociaux comme elle profite aux autres branches des connaissances humaines.

Or, c'est bien en face d'un problème social que nous

(1) Discours prononcé en 1865 à la la rentrée de la cour de Douai.

(2) *Inconvénientes de la succession Porzosa.* Barcelone, 1862, ouvrage couronné par l'Académie des sciences de Madrid.

nous trouvons en ce moment, puisque, de l'aveu de tous, la prospérité d'un Etat dépend en grande partie de sa loi de succession.

Tant est la liberté civile dans un Etat, dit M. Troplong, tant y est le testament. L'histoire prouve que toutes les fois que la liberté civile est comprimée ou mise en question, la propriété et, par conséquent, le testament sont sacrifiés à de tyranniques combinaisons. Un peuple n'est pas libre s'il n'a pas le droit de tester, et la liberté du testament est une des plus grandes preuves de la liberté civile.

Je m'étonne, dit M. de Tocqueville, dans un ouvrage sur la Démocratie en Amérique, que les publicistes anciens et modernes n'aient pas attribué aux lois sur les successions, une plus grande influence dans la marche des affaires humaines. Ces lois appartiennent, il est vrai, à l'ordre civil ; mais elles devraient être placées en tête de toutes les institutions politiques, car elles influent incroyablement sur l'état social des peuples dont les lois politiques ne sont que l'expression.

Or, je remarque dès à présent que les grandes nations, que les peuples réputés vraiment libres et prospères n'ont pas voulu adopter notre Loi successorale, et, qu'au contraire, tous ou presque tous la condamnent comme néfaste et croiraient, en l'adoptant, compromettre la prospérité dont ils jouissent.

En voulez-vous une preuve irrécusable ? Ecoutez ces témoignages au-dessus du soupçon, car ils émanent de nos ennemis !

En 1815, au Congrès de Paris, les nations étrangères préparent ce traité du 20 novembre qui va dépouiller la France pour la seconde, mais non, hélas ! pour la dernière fois. Parmi les plus ardentes à la curée et les plus acharnées à notre perte, se trouve l'Angleterre. Déjà, l'an passé, elle nous a enlevé, pour en faire sa proie, nos îles de la Méditerranée, des Antilles et de la mer des Indes, et voilà qu'elle et ses complices arrachent encore à la grande vaincue des lambeaux de son territoire sur les frontières de la Belgique, sur les bords du Rhin et sur les flancs des Alpes; et cependant l'avidité britannique n'est pas satisfaite. Elle demande plus encore, et il faut, pour contenir cette haine inassouvie, que la Russie s'interpose. C'est alors, Messieurs, qu'au milieu du Congrès qui refusait de satisfaire pleinement sa vengeance, le diplomate Anglais laissa échapper ces paroles, qui ne furent comprises qu'un demi-siècle plus tard : « *Après tout, les Français sont suffisamment affaiblis par leur système de succession.* »

Pour le représentant de l'Angleterre, notre régime successoral équivalait à un démembrement.

Ce n'est là, me direz-vous, qu'une boutade échappée à l'*humour* d'un Anglais aristocrate ? C'est autre chose, Messieurs, car reportons-nous à 60 ans plus tard.

Nous voici en 1873. Une troisième invasion a provoqué un nouveau démembrement de notre patrie. L'Alsace et la Lorraine ne sont plus françaises que de cœur. Que va faire l'Allemagne victorieuse, pour retenir captives ces provinces qu'elle nous a ravies, pour essayer de les attirer à elle et pour calmer les regrets et les déchirements de la séparation ?

L'Allemagne ne trouve pas de moyen plus sûr, ni de séduction plus puissante, que de modifier la loi française sur les successions. Sans aller encore jusqu'à supprimer complètement le principe du partage forcé, une loi du 1er décembre 1873 abroge, dans les provinces annexées, la disposition exhorbitante de l'article 832 du Code civil, aux termes duquel il faut, ou composer chaque lot d'objets de même nature, meubles ou immeubles, ou bien liciter le domaine. Elle abroge aussi l'article 815, qui prohibe toute convention tendant à maintenir certains objets dans l'indivision: comme serait, par exemple, l'habitation commune de la famille, cette maison paternelle qui, après avoir servi à la génération qui disparait, n'abrite plus chez nous la génération nouvelle; car, par l'effet de la loi française, la mort du père entraîne presque fatalement la dispersion des enfants.

Neuf fois sur dix, il devient alors nécessaire de liciter le bien patrimonial, domaine rural, atelier, établissement industriel ou commercial, fondé à grand peine par le père de famille et qui lui avait servi à franchir les premiers degrés du bien-être ou de la fortune. La loi brise entre les mains des enfants, pour ne leur en laisser que les tronçons, l'instrument du travail légué par les ancêtres. Aussi chaque génération doit-elle recommencer à rouler le rocher de l'indigence ou de la gêne, sans pouvoir recueillir les fruits du labeur et de l'épargne des générations précédentes.

Faut-il s'étonner que les nations européennes répudient un systême aboutissant à de telles conséquences, qu'on voie par exemple régner et fleurir en Angleterre le principe de la liberté testamentaire absolue; que dans la plupart des Etats de l'Allemagne, comme en Italie, la liberté du père de famille, sans être complète, soit du moins très étendue, puisque la quotité disponible est toujours de la moitié, quel que soit le nombre des enfants; et qu'enfin, les Etats-Unis d'Amérique aient suivi l'exemple de la mère-patrie et cru, comme elle et comme encore la Suède, la Norwège et tous les peuples slaves, qu'on pouvait sans danger laisser au père le droit de régler les affaires de sa succession pour le temps où il ne sera plus ?

Je viens de vous parler de cette nation anglaise qui doit à ses vieilles et admirables institutions de pouvoir pratiquer et supporter si fortement la liberté, alors que nous avons tant de peine à l'acclimater dans notre pays et que nous souffrons presque toujours de ses dangers avant d'avoir pu jouir de ses bienfaits. Or, il fut un temps où le Parlement anglais voulut faire pour les familles catholiques de l'Irlande ce qu'un siècle plus tard la Convention entreprit contre l'aristocratie française. Mais voyez la différence : alors que la Convention, en établissant d'une façon générale le partage forcé, tout en abattant les grandes familles, frappait surtout les petites, en 1703, le Parlement anglais, bien mieux avisé, n'avait soumis à ce régime destructeur que celles des familles qu'il voulût atteindre. Il réussit en effet ainsi à ruiner les familles catholiques, tandis que les familles protestantes restées sous l'empire de la liberté testamentaire ont continué à prospérer.

De nos jours le gouvernement russe a suivi cet exemple, lorsque, pour diminuer l'influence prépondérante de la noblesse, il l'a soumise au régime du partage forcé, tout en laissant au peuple le fécond usage de la liberté.

Tels sont, Messieurs, en cette matière, les enseignements que nous fournit l'histoire des peuples modernes. Aurions-nous seuls raison contre eux tous? C'est ce qu'il faut nous demander maintenant, en faisant trève à cet excessif amour propre national qui nous a causé depuis quelques années tant et de si cruels mécomptes.

Nous ne serons à même de répondre à cette question qu'après avoir étudié notre Loi successorale dans ses tendances et dans ses effets.

II

Notre régime de succession, au lieu de reposer sur une confiance juste et méritée dans les sentiments les plus forts que Dieu ait placés au cœur de l'homme et qui le poussent invinciblement à désirer un égal bonheur pour tous ses enfants, ne repose au contraire que sur la défiance. Nos lois mettent le père en état de suspicion par rapport à ses enfants, et semblent n'avoir d'autre souci que de protéger ces derniers contre la prévarication paternelle. Comme si, à part de rares et monstrueuses exceptions, contre lesquelles il est d'ailleurs aisé de se prémunir, le père n'était pas le meilleur juge des intérêts de ses enfants, sans qu'il faille que le législateur se substitue à lui pour régler, suivant un mode invariable et trop souvent tyrannique, la distribution de ses biens. Chose étrange! cet homme, qui pendant sa vie a un pouvoir souverain sur sa fortune, qui peut la dénaturer, la dissiper et la jeter au vent des folles entreprises ou des prodigalités ruineuses, n'en est plus le maître lorsque, se recueillant, aux solennelles approches de la mort, il songe à la destinée de ses fils et avise au moyen d'assurer leur avenir!

Veut-il donner à l'un que je suppose agriculteur sa maison des champs ou sa ferme, et à l'autre qui sera commerçant ses capitaux, il ne le pourra pas : car ce serait entamer le principe d'égalité des lots déposé dans l'article 832 du Code civil.

La loi, supposant les parents toujours prêts à dépouiller injustement leurs enfants, intervient à chaque décès et se place entre eux avec son cortége de légistes et d'hommes d'affaires. Etendant sur l'infinie variété des successions son inflexible niveau, elle consacrera les résultats les plus absurdes plutôt que d'avoir confiance dans l'honnêteté des chefs de famile. Et pourtant, l'on ne voit les sentiments contre nature qu'elle prête aux pères se manifester chez aucun des peuples possédant la liberté testamentaire. N'est-il pas permis de croire qu'il n'en serait pas en France autrement qu'en Suède, en Norwège, en Angleterre, aux Etats-Unis, etc ? L'amour paternel n'a pas de lieux préférés et prédestinés à son épanouissement. Il est partout semblable : car c'est Dieu lui-même qui l'a donné à l'homme pour tempérer et régler l'autorité sur les enfants, également confiée par lui au père et à la mère, et non à d'autres. Et c'est parceque le père, secondé par la mère, a seul autorité sur les enfants, qu'il n'est pas bon que la loi se substitue à lui et légifère à sa place. C'est lui qui est le magistrat naturel, le législateur-né de la famille ; admirable législateur, en vérité, car il joint l'aptitude à l'affection. D'un côté, ne connaît-il pas mieux que tout autre les tendances, les qualités, les défauts et les besoins de ses enfants ? D'un autre côté, quelles décisions seraient plus manifestement inspirées par l'impartialité et la justice ? n'aime-t-il pas plus que lui-même les êtres dont il règle le sort ? La loi primitive de Rome semble avoir été pénétrée de ces notions fondamentales de l'esprit de famille, lorsqu'elle formulait, dans la concision d'un axiome, cette règle du Droit des Douze Tables :

Dicat testator et erit lex.

Ce n'est que plus tard, et à une époque où la décomposition avait déjà envahi le corps social, que la législation trop vantée du Bas-Empire détruisit le pouvoir du père par la loi sur les testaments inofficieux.

Cette robuste organisation de la famille est un caractère toujours observé chez les fortes races. Elle ne saurait subsister sous une loi comme la nôtre qui, en enlevant au père toute autorité, le constitue en état de sujétion et de dépendance par rapport à ses enfants et ne laisse à son pouvoir qu'une sanction inefficace.

Ainsi, à ne considérer notre loi de succession qu'au point de vue philosophique et moral, on pourrait déjà la déclarer mauvaise. Mais, comme l'arbre se reconnaît à ses fruits, ce sera surtout d'après l'étude des résultats qu'elle a produits que nous pourrons apprécier sa valeur.

III

Notre code frappe d'indisponibilité une portion des biens des ascendants. Cette portion indisponible à titre gratuit, c'est-à-dire par donation ou par testament, est ce qu'on appelle en droit la *légitime* ou la *réserve*.

La réserve, ainsi que les auteurs nous l'apprennent, repose, dans la pensée des législateurs, sur un double fondement. Elle est d'abord, dit M. Demolombe, la sanction d'un devoir naturel, *officium pietatis,* qui lie *réciproquement* les ascendants et les descendants.

Mais, si c'était là le fondement unique de la réserve, la loi aurait eu évidemment tort d'en faire la règle invariable de toutes les successions; car, enfin, si l'on suppose que les descendants aient les premiers manqué à ce devoir pieux, *officium pietatis,* envers les auteurs de leurs jours, la réciprocité n'existe plus, et ceux-ci se trouvent conséquemment dégagés de leur obligation envers ceux qui ont manqué à la leur. Apparaît dès lors le droit pour le père d'exhéréder le fils coupable. Si la réserve n'est que la sanction d'un devoir *réciproque* d'affection et d'attachement, comment pourrait-on imposer au père la nécessité de satisfaire à cette obligation naturelle envers l'enfant qui a le premier méconnu le devoir de la piété filiale.

C'est ce qui a fait dire à Montesquieu [1] :

« La loi naturelle ordonne aux pères de nourrir leurs « enfants, mais elle ne les oblige pas de les faire héritiers. »

Et si vous voulez bien me pardonner de citer, après ce grand nom et cette grave autorité, un publiciste moderne

(1) *Esprit des Lois*, XXVI, 6.

tel que M. About, je vous rappellerai ce qu'il écrivait, sous la forme plaisante qu'il affectionne [1] :

« Il est trop évident que le père ne doit pas sa fortune à « ses fils. Il leur doit l'éducation et les moyens d'existence. « Quiconque appelle un enfant à la vie s'engage implicite- « ment à l'élever et à le mettre en état de se soutenir par « le travail. Mais c'est tout. Et la raison ne décidera jamais « qu'un homme, riche à quatre millions et père de quatre « enfants, soit débiteur de 750,000 fr. envers le polisson « qui lui a fait des actes respectueux pour épouser la « cuisinière. »

Le père ne saurait donc être considéré toujours et quand même comme débiteur de ses enfants et tenu, à ce titre, de leur laisser à son décès une portion de ses biens. Aussi voit-on les auteurs chercher à la réserve un autre fondement que les rapports établis par la nature. Ils ajoutent qu'elle a été aussi créée afin de conserver les biens dans les familles. « Il importe à l'Etat, dit excellemment M. De- « molombe [2], que la transmission d'une partie du patri- « moine des ascendants soit assurée aux descendants, afin « qu'ils ne tombent pas soudainement de l'aisance et de la « richesse peut-être dans la gêne et la pauvreté, et qu'ils « ne deviennent pas un embarras et un péril pour la « société..... La portion indisponible n'est donc pas seule- « ment la dette d'aliments qui s'acquitterait une fois pour « toutes à l'époque du décès : c'est autre chose et plus « encore ! c'est un *mode de conservation des biens dans les* « *familles.* »

C'est ici, Messieurs, que les faits démontrent le plus évidemment l'erreur des législateurs de l'an XI et les illusions des jurisconsultes qui défendent encore leur œuvre.

(1) *Le Progrès*, p. 295.
(2) *Traité des Donations entre vifs et des testaments*, T. II, p. 5.

Oui, l'Etat est au plus haut point intéressé à la conservation des biens dans les familles, et il doit s'efforcer d'assurer à chacune d'elles la plus grande somme de prospérité possible. La stabilité des familles engendre la stabilité des Etats, et la nation où l'on verrait la grande majorité des familles jouir du bien-être légitimement acquis par le travail, offrirait l'image du modèle des sociétés humaines.

Mais comment ne voit-on pas que la liberté de transmission des biens peut seule permettre d'approcher de ce but enviable, et que si l'Etat, sortant de ses limites naturelles, s'impose jusque dans le foyer domestique pour diriger les sentiments et les intérêts des citoyens, il peut bien arriver, par ce moyen, à dominer les peuples et à les asservir; mais il va contre la loi des choses, et en tuant toute liberté et toute initiative, il arrête l'essor de l'activité sociale. [1]

Prenons un exemple :

Voici un chef de famille qui fonde un établissement industriel ou agricole. Grâce à son honnêteté, à son intelligence et à son travail, son œuvre réussit. Mais la vieillesse approche. Que va-t-il faire ?

Sa conduite variera, suivant qu'il habite l'Angleterre, les Etats-Unis, tout autre pays de liberté, ou bien au contraire un pays de contrainte légale.

« Dans le premier cas (dit M. Le Play [2], dont l'autorité « est ici indiscutable, car il a passé un quart de siècle à « observer par toute l'Europe les faits qu'il raconte), tous « les éléments du travail offrent une parfaite continuité. « Chaque chef de famille se préoccupe de maintenir et d'ac- « croître par sa prévoyance l'atelier de travail qu'il a créé

(1) *La Réforme sociale.*
(2) *La Réforme sociale*, t. I, p. 23.

« ou qu'il a reçu de son père. Subordonnant sa vie au « devoir de léguer le patrimoine à l'héritier le plus capable « de conserver les traditions paternelles, il s'entoure, si « Dieu bénit sa couche, d'une nombreuse postérité. Quand « les atteintes de l'âge commencent à se faire sentir, il « choisit, d'après le caractère et les talents, celui de ses « enfants qui lui paraît le plus digne d'être associé à ses « travaux. A l'aide des épargnes qu'il a faites et de celles « qu'il réalise avec le concours de cet associé, il règle le « sort de ses garçons de manière à procurer autant que « possible à chacun une profession conforme à ses apti- « tudes et en rapport avec la situation de la famille. Les « uns, ayant terminé leur apprentissage et reçu de leur « père la dot nécessaire à l'acquisition des instruments de « travail, s'établissent dans les localités contigües. D'autres « recrutent l'armée ou la marine. D'autres enfin se trans- « portent aux colonies et y fondent à leur tour des « familles qui prospèrent, en suivant les bonnes traditions « de la métropole. Les filles demeurent dans la maison « paternelle jusqu'à l'époque de leur mariage ; celles qui « ne se marient pas, de même que les garçons céliba- « taires, restent groupés autour du chef de famille. Quand « celui-ci est enlevé par la mort, l'enfant qu'il s'était adjoint, « en qualité d'héritier, continue les fonctions paternelles, « tandis que le foyer reste sous la haute direction de la « mère devenue veuve. La catastrophe frappe les mem- « bres survivants dans leurs affections ; mais elle ne com- « promet ni les intérêts de la famille, ni l'organisation de « la propriété.

« Dans le second cas, poursuit le même auteur, le « travail perd la continuité qui est un de ses carac- « tères les plus utiles. Le père n'a plus le pouvoir de lier « son établissement à l'avenir de sa postérité, parce que la

« loi confère à ses enfants le droit de s'en partager les « lambeaux. Cette intervention du législateur jette dans la « vie privée une instabilité dont les inconvénients varient « selon la situation des familles. Dans les conditions ordi- « naires, le père, s'il est prévoyant, doit se ménager pour « la fin de sa vie des moyens d'existence indépendants de la « profession qu'il exerce. Quand la vieillesse approche, il « doit vendre sa terre, son atelier ou son commerce : en « sorte qu'il subit la déchéance de la retraite, plutôt qu'il « ne conquiert les satisfactions du repos.

« Sachant que la source de prospérité de la famille sera « promptement tarie par cette retraite prématurée, il ne « peut, sous ce régime, assurer le bien-être de ses descen- « dants qu'en limitant leur nombre par une stérilité systé- « matique. Les enfants ne restent guère dans la condition « du père, qui ne peut transmettre simultanément à aucun « d'eux le nom et la profession : ils ne peuvent donc plus « compter, dans le cours de leur carrière, sur l'appui de la « maison d'où ils sont sortis. Les époux, quand arrive la « vieillesse, ont perdu leurs parents et ont vu tous leurs « enfants trouver une situation en dehors du foyer domes- « tique : ils sont donc condamnés à mourir dans l'isole- « ment. La retraite du père avait déjà rompu brusquement « les traditions du travail et de la propriété ; sa mort « détruit complètement les traditions de la famille. »

Tel est, Messieurs, le tableau, peint sur le vif, de ces deux régimes de succession. Par l'un, sont rendues fécondes et la propriété et la famille, tandis que, par l'autre, elles demeurent stérilisées, pour le plus grand dommage des individus et de l'Etat.

Peut-on dire, en face de ces résultats, que la réserve atteint son but, qui est de conserver les biens dans les familles? N'est-il pas trop vrai, au contraire, qu'elle force le père qui a fondé un établissement à le vendre ou à le démembrer, dès qu'il sent venir la vieillesse ; car il ne peut de son vivant en abandonner la gestion à tous ses enfants : il n'y aurait plus alors d'unité dans la direction ; ni la confier à l'un d'eux : l'administration par un seul dans un intérêt commun offrant des inconvénients devant lesquels on recule toujours ?

Il est donc contraint de le vendre à des étrangers ou de le démembrer, lorsqu'un partage en nature est possible.

Et cela arrive d'autant plus souvent, que le chef de famille est naturellement enclin à se dégoûter de son œuvre éphémère, alors qu'il sent son impuissance à en perpétuer la durée. Les enfants, de leur côté, apprennent à se désintéresser de l'œuvre paternelle, à laquelle ne les rattache aucune espérance d'avenir. Lequel d'entre eux consentirait à lui donner ses soins du vivant de son père, pour voir ensuite ses frères réclamer, le Code à la main, leur part dans l'établissement amélioré par son travail.

Ils font ce raisonnement que prévoyait déjà la sagacité de Portalis, lorsqu'en 1803, défendant devant le conseil d'Etat la liberté testamentaire, l'illustre jurisconsulte disait :

« Un laboureur, par exemple, a eu d'abord un fils qui, « se trouvant le premier élevé, est devenu le compagnon « de ses travaux. Les enfants nés depuis étant moins « nécessaires au père, se sont répandus dans les villes et « y ont poussé leur fortune. Lorsque le père mourra, sera- « t-il juste que l'aîné partage également le champ amélioré » par ses labeurs avec des frères qui déjà sont plus riches « que lui ? »

Ce qui faisait dire à ce grand jurisconsulte que « le « droit de disposer, loin d'être un droit aristocratique, était « tellement fondé sur la raison, que c'est dans les classes

« inférieures que le pouvoir du père est le plus néces-
« saire. »

Donc, les fils chercheront en dehors de la famille une autre voie que celle déjà explorée par le père et dans laquelle son expérience aurait pu avec tant d'avantage guider leurs pas, mais qui ne leur assurerait point les bénéfices de leurs peines. Ils se lanceront dans une carrière inconnue, mais dont ils pourront au moins recueillir les fruits; et de la sorte, les enfants s'éloigneront, les parents, devenus vieux, resteront seuls, et devront remettre à des mains étrangères l'instrument de travail à l'aide duquel ils avaient commencé l'œuvre inachevée de leur fortune ; et chaque génération verra ainsi se reproduire cette dispersion générale et sera condamnée à un perpétuel recommencement.

Combien serait plus sûrement atteint le but de la loi qui est, dit-on, d'assurer la stabilité des familles, si, au lieu de ce morcellement indéfini de l'œuvre de chaque génération, le même instrument de travail et de fortune pouvait, en dépit de la mort, passer des mains du père en celles des enfants.

Je viens de me placer dans l'hypothèse la plus favorable, celle où le chef d'établissement, s'étant vu accorder par Dieu le bienfait d'une longue vie, peut liquider lui-même l'entreprise qu'il a fondée et régler les divers intérêts qui s'y rattachent.

Supposez maintenant qu'il vienne à succomber avant l'âge de la retraite, et mesurez, si vous le pouvez, la profondeur du mal. Il n'aura pas fait de testament. A quoi bon ? Les pères de famille n'en font plus, sous un régime qui leur enlève tous droits sur leurs biens. Il ne pourrait pas charger l'un de ses fils de prendre la place bientôt vacante du père de famille, et de veiller, à ce titre, sur ses frères et sœurs plus jeunes, pour assurer leur avenir : les défiances de la loi ne lui permettraient pas. Il va donc falloir liquider sur le champ, et à de telles conditions, que si les familles riches peuvent encore résister, les petites successions sont infailliblement dévorées par les frais. Il faudra vendre les biens dans les formes tracées par le Code. Or, vous savez ce que sont les ventes judiciaires pour des immeubles de faible importance. Dans un rapport que le garde des sceaux présenta en 1852 au chef de l'État, on voit figurer cette statistique vraiment effrayante : Sur 1980 ventes opérées, pendant l'année 1850, au-dessous de 500 fr., ayant produit ensemble 558,092 fr., les frais se sont élévés à 628,906 fr. C'est-à-dire que les frais ont été supérieurs de 12 pour 0/0 à la valeur des biens vendus.

Voyez ce petit cultivateur, ce journalier, cet ouvrier qui, après avoir travaillé toute sa vie, est parvenu, tout en élevant sa famille, à acquérir un coin de terre où il achèvera ses jours en paix. C'est l'accomplissement de ses rêves les plus chérement caressés ; ce pourrait être aussi, sous une loi plus favorable, le noyau de l'aisance pour sa famille. Mais qu'arrivera-t-il sous l'empire du Code civil ? L'homme dont je parle vient à mourir laissant des enfants en bas âge. La maison qu'il possédait, le modeste mobilier, le jardin et le champ qui composent tout l'héritage, valent, je suppose, un millier de francs. Si quelqu'un était là, frère ou oncle, qui prit en mains ce patrimoine pour le faire valoir ; grâce à l'épargne et au travail, on le verrait bientôt s'accroître. Mais les enfants sont mineurs ; et en France, quand le père et la mère sont morts, on ne retrouve plus dans la famille désorganisée ce *pater familias* qui subsistait toujours dans la famille romaine et veillait sur ses intérêts moraux et matériels. Il y a bien le tuteur ; mais le tuteur n'est autre qu'un *régisseur légal ;* ce n'est pas un père de famille. Aussi, dans l'hypothèse où je me place, le tuteur, pour mettre sa responsabilité à couvert, ne manquera pas de faire vendre les biens. La vente des immeubles et du mobilier produira 750 fr., 800 fr. au plus. Mais qu'aura-t-il fallu dépenser pour réaliser cette somme ?

Le calcul a été fait ; il porte le minimum des frais au chiffre de 450 fr. 36 c. Que de formalités, en effet, on aura dû remplir ! Apposition et levée des scellés, réunion du conseil de famille, inventaire, convocation du subrogé-tuteur pour assister à cet inventaire, vente aux enchères par un officier public après affiches et publications : voilà pour le mobilier. Pour les immeubles, il aura fallu dresser un cahier des charges, imprimer des placards, les afficher, les insérer dans les journaux et enfin procéder à l'adjudication. On aura mis en œuvre un juge de paix, son greffier, un notaire, un avoué, un huissier, un commissaire-priseur et un tribunal tout entier, pour vendre un bien d'une valeur de 750 francs. Faut-il s'étonner que les deux tiers du prix de vente soient absorbés par les frais ? Et encore, la somme de 450 fr. 36 c. ne comprend-elle que les frais de licitation, ceux de partage ou de liquidation restant en dehors. De même qu'aussi, pour ne pas dépasser ce chiffre, il faut supposer qu'aucune difficulté n'est venue compliquer la procédure.

Ce désordre social, dit encore M. le Play, est inconnu chez les autres peuples civilisés. Partout, on se conforme, dans ces sortes d'affaires, à des coutumes créées par les convenances spéciales des intéressés [1]. Et le même auteur fait observer plus loin, qu'en vain on chercherait à

(1) En 1868, le nombre des jugements rendus par les tribunaux en matière de contrats et obligations conventionnelles de toute nature, n'a pas dépassé 24,899, tandis qu'il y a eu 21.817 jugements relatifs aux successions seulement.

alléger ces charges écrasantes pour la petite propriété, soit en diminuant les émoluments déjà faibles des officiers ministériels, soit en supprimant des formalités qui, dans le système du Code, offrent des garanties indispensables. Sitôt en effet que l'on admet le principe des légitimes, l'Etat a le droit d'intervenir dans la transmission des biens et dans les plus intimes affaires de la famille, pour veiller à ce que les réserves soient exactement prélevées.

Il n'y a pas d'autre remède que la suppression du mal dans sa racine par l'abrogation d'un régime vicieux et le recours à la liberté.

IV

A d'autres époques, et même de nos jours, dans un pays voisin, la loi, tombant dans un excès contraire à celui que je signale, a établi certaines règles qui ont paru propres à assurer la conservation des biens dans les familles. De là, le droit d'aînesse et l'établissement des majorats.

Le puissant esprit de Napoléon Ier comprit bien que le Code civil provoquait infailliblement la déchéance des familles. Il lui vint alors la pensée de soustraire ses protégés à sa pernicieuse influence et d'asseoir sur les ruines générales la grandeur et la solidité de son gouvernement. Dans ce but, il créa les majorats, dont il fit un instrument de règne.

Ecoutez la lecture de cette lettre instructive, que le grand capitaine écrivait le 5 juin 1806 à son frère, le roi Joseph [1] :

« Mon frère, je veux avoir à Paris cent fortunes, toutes « s'étant élevées avec le trône et restant seules considéra- « bles, parce que ce ne sont que des fidéicommis et que ce

(1) *Mémoires du roi Joseph*, t. II, p. 275. — Paris, 1853.

« qui ne sera pas elles, par l'effet du Code civil, va se dis-
« séminer.

« Etablissez le Code civil à Naples; tout ce qui ne vous
« est pas attaché va se détruire alors en peu d'années et
« ce que vous voulez construire se consolidera. Voilà le
« grand avantage du Code civil. Il faut établir le Code civil
« chez vous; il consolidera votre puissance, puisque par
« lui, tout ce qui n'est pas fidéicommis tombe et qu'il ne
« reste plus de grandes maisons que celles que vous érigez
« en fiefs.

« C'est ce qui m'a fait prêcher un Code civil et m'a
« porté à l'établir. »

L'année même où Napoléon écrivait cette lettre, il publiait les décrets des 30 mars et 14 août 1806, par lesquels il établissait en France le droit d'aînesse avec substitution perpétuelle, au profit des familles qu'il voulait attacher à sa dynastie.

Il comprenait qu'avec le Code les fortunes se disséminent fatalement, que les grandes deviennent petites et que les petites, à leur tour, après s'être émiettées, disparaissent.

Il voulut donc réagir contre cet état de choses au profit de ses seuls favoris, par la création des majorats.

Or, il ne faut de privilége pour personne. La loi doit être la même pour tous, secourable aux petits comme aux grands. Donc, pas de majorats, non plus que de droits de primogéniture. Obliger le père à prendre son fils aîné, quelque indigne qu'il puisse être de ce choix, pour en faire son héritier privilégié, serait donner à celui-ci un droit acquis et inadmissible à l'héritage paternel. Ce serait retomber dans le vice du Code civil, qui constitue le père débiteur envers ses enfants d'une certaine portion de son patrimoine. Par là, le fils aîné, incapable ou indigne peut-être et néanmoins assuré de l'héritage, se soustrairait à la loi du travail et tomberait trop fréquemment dans cette vie de dissipation et de débauche dont l'histoire du XVIIIe siècle nous offre de tristes exemples. Nous réclamons la liberté pour le père de famille, mais nous la réclamons sans privilége de caste ni de primogéniture : liberté de disposer de ses biens suivant les règles de la justice et l'intérêt des enfants ; liberté de partager également entre eux tous la fortune qui se prêtera à cette division ; liberté de transmettre à celui qu'il jugera le plus capable de continuer les traditions paternelles, l'établissement qui ne saurait être vendu ou partagé, sans tarir dans sa source la prospérité naissante de la famille ; liberté enfin de récompenser l'attachement et la vertu, et de punir au besoin le fils sacrilège, la fille dégradée, qui auront déshonoré et sali le nom de leur père.

L'enfant n'ayant plus alors un droit anticipé et irrévocable à la fortune de ses parents, se pliera mieux à la salutaire influence de l'autorité paternelle ; il comprendra mieux aussi la nécessité de poursuivre, par l'effort de son travail et la régularité de sa conduite, la conquête d'une position honorable. Au lieu de passer ses jours dans le désœuvrement et l'inutilité de la vie, ou de choisir en masse les carrières libérales improductives, la jeunesse des classes aisées, comme font à l'heure actuelle les fils des plus riches familles anglo-saxonnes, devra apprendre à compter sur elle-même et demander au travail le pain quotidien d'abord, et, s'il se peut ensuite, les jouissances de la fortune. Et ceux qui auront vu échouer leurs efforts et qui reviendront brisés du combat de la vie, au lieu de demeurer sans appui et perdus dans la foule des malheureux et des déclassés et de tomber à la charge de la société, iront chercher un abri au foyer toujours debout où s'était écoulée leur jeunesse et qui protègera encore leurs derniers jours. Et ne craignez pas que le fils héritier auquel incombera la charge de soutenir la famille, d'établir ses frères et sœurs et de recueillir ceux qui n'ont pas réussi, ne veuille se soustraire à ce devoir d'assistance. L'expérience démontre que de tels abus ne se produisent pas, parce que dans les pays où règne la liberté testamentaire, les mœurs et l'opinion publique suffisent à les empêcher, et que, s'ils viennent accidentellement à se produire, le mépris général en fait justice.

Si l'on objecte que ce système ne donne pas satisfaction à la justice, considérée au point de vue individuel, et que l'intérêt des autres enfants est sacrifié à celui de l'héritier-associé, il est aisé de répondre qu'à l'attribution exceptionnelle faite à l'un des enfants correspondent des charges équivalentes; car celui qui se verra attribuer le bien patrimonial devra renoncer, en faveur de ses frères et plus tard de ses enfants, au produit net de son travail. C'est une sorte de fidéicommis qui lui a été transmis. Les ressources que lui procure le bien patrimonial, l'atelier, l'usine ou le domaine rural, il doit les employer à doter ses sœurs, à établir ses frères d'abord, puis ensuite ses propres enfants. Sa seule compensation relève de l'ordre moral et gît dans la considération que lui assurent sa dignité de chef de famille et la possession du foyer paternel.

Dira-t-on aussi qu'il s'est trouvé et qu'il se trouverait encore de mauvais pères? Lorsque cette objection fut faite dans la séance du conseil d'Etat du 21 pluviôse an XI, Malleville répondait qu'il y en avait peut-être encore quelques-uns dans la capitale, mais que dans les départements un mauvais père était un phénomène dont l'apparition afflige rarement. De nos jours, à Paris comme en province, ils seraient une exception d'autant plus rare qu'ils jouiraient d'une liberté plus grande. A mesure que la liberté de l'homme augmente, le sentiment de la responsabilité s'accroît en lui et, comme on l'a dit justement, avec le sentiment de la responsabilité grandit la conscience du devoir.

D'ailleurs, les meilleures choses de ce monde peuvent produire parfois des abus. Qu'y a-t-il de plus fort et de plus respectable que l'amour maternel ? ne se trouve t-il pas cependant des femmes dénaturées qui tuent leurs enfants ? Toutes les fois que l'intérêt public n'est pas mis en péril par l'abus exceptionnel d'une liberté, l'Etat n'a pas le droit de supprimer cette liberté, alors surtout qu'il ne saurait prononcer cette suppression sans pénétrer dans les relations privées et intimes de la famille. C'est aux mœurs et à l'opinion qu'il faut laisser le soin de prévenir ou de corriger ces excès. Et puis, si c'est au nom de la morale publique que la loi prétend étendre sa protection sur la famille, il faudrait commencer par prouver qu'il se rencontre plus de pères injustes que de fils oublieux de leurs devoirs. Qui donc oserait soutenir une telle assertion ? L'amour qui descend est toujours plus fort que l'amour qui remonte, et, comme le disait encore Portalis : il se trouve beaucoup plus de fils ingrats que de pères injustes.

Au reste, ces diverses objections tombent devant les résultats de l'expérience. Dans aucun des pays où l'autorité paternelle conserve sa légitime influence, on ne voit les publicistes signaler de tels abus de pouvoirs. Par là s'explique l'attachement persistant de ces peuples à leurs coutumes traditionnelles.

Cet attachement est tel que sur ce point les mœurs font parfois violence à la loi.

Qui croirait que dans notre propre pays, soumis depuis 80 ans à la loi du partage, il est des populations entières qui réagissent encore contre le système du Code et demeurent fidèles à leurs vieilles coutumes ?

Dans le département du Cher et au milieu des populations basques du versant occidental des Pyrénées, aux environs de Cauterets, on rencontre encore de nos jours de nombreuses familles qui, par l'effet du libre consentement des parties, renoncent à invoquer les droits au partage que le Code civil leur assure, et transmettent intégralement, de génération en génération, le bien paternel à l'aîné de la famille. On cite notamment une famille de paysans, la famille Melouga, qui, depuis 400 ans au moins, se maintient sur son domaine, d'une valeur actuelle de 20,000 francs.

La seule force des mœurs continue d'assurer dans ces contrées, en dépit des opinions et des habitudes qui prévalent dans les autres parties de la France, la transmission intégrale des héritages. Le chef de famille, se conformant au système dont je vous ai déjà fait connaître le mécanisme, garde le bien paternel et en consacre les revenus à constituer une dot aux filles qui se marient et un pécule aux enfants des deux sexes qui vont s'établir au dehors.

Mais depuis quelques années, sous l'influence dominante des idées nouvelles, on a vu plusieurs jeunes gens s'armer de la loi pour provoquer le partage du bien patrimonial, et il en est résulté qu'au bout de peu de temps, les familles, ainsi soumises au morcellement légal, sont tombées de la condition indépendante de paysans-propriétaires à celle de journaliers et de domestiques, et qu'elles sont, sous le rapport moral comme sous le rapport matériel, dans une situation inférieure à celle où se trouvaient les générations précédentes [1].

Ainsi donc, Messieurs, grâce à la réforme testamentaire, les familles, toujours groupées autour d'un chef, continueraient à subsister dans leur unité morale, tandis qu'au-

(1) M. Le Play : *L'organisation de la famille.*

jourd'hui, d'après les calculs qui ont été faits, notre régime de succession en disperse et en ruine chaque année plus d'un million. La réforme testamentaire aurait aussi pour effet de guérir l'une des plaies les plus douloureuses de la France moderne en mettant un terme à la stérilité systématique des mariages, mal funeste qui va nous amoindrissant chaque année. Il faut 180 ans pour que la France double sa population, tandis qu'il n'en faut que 25 à certains peuples pour doubler la leur. La Prusse, la Saxe, l'Angleterre et la Russie arrivent à ce résultat dans 40 ans, 60 ans au plus. En France, de 1800 à 1815, malgré les grandes hécatombes de cette terrible époque, le chiffre des naissances n'a cessé d'être supérieur à celui des décès de près de 200,000 par an. 35 ans plus tard, en 1850, l'excédant n'était plus que de 50,000, et depuis, il est arrivé plusieurs fois que le nombre des décès l'a emporté sur celui des naissances [1].

On ne peut, sans une angoisse patriotique, songer aux conséquences de ce déplorable état de choses et aux dangers qu'il fait courir à notre indépendance nationale, à une époque où la suprématie appartient aux grandes armées. Ce mal, qui frappe aujourd'hui la société française comme elle désola jadis les vieux jours du monde romain, porte des coups également funestes à notre puissance militaire et à notre prospérité commerciale. C'est à lui qu'il faut attribuer notre impuissance actuelle à coloniser. Nous avons, aux portes mêmes de la France, une admirable colonie qui depuis 45 ans demande vainement à la métropole des bras pour fertiliser son sol. Elle n'en peut trouver, sous un régime qui empêche l'accroissement de la population et détruit cette force d'expansion qui pousse les autres peu-

(1) U. Trelat : *La Population en France.*

ples à chercher au dehors l'emploi de leur activité et de leurs talents. Tandis qu'on voit en Angleterre, en Allemagne et aux Etats-Unis, les jeunes gens des familles riches se mêler aux ouvriers et aux paysans, pour aller chercher fortune à l'étranger et fonder, dans les Indes ou dans l'Australie, ces établissements, ces comptoirs bientôt prospères, où ils trouvent en peu d'années la fortune, l'émigration, en France, ne recrute guère que quelques déclassés déjà vieillis et à moitié découragés par de précédents insuccès.

Quand on nous parle des merveilles de la colonisation anglaise en Australie, nous nous consolons de notre infériorité en disant que le Français n'a pas le génie colonisateur. Flagrante erreur, que signalait cette année même, lors d'une discussion à l'Assemblée nationale relative aux intérêts algériens, un journal anglais, qui ne trouvait d'autre cause à nos échecs que la vicieuse organisation de la propriété et de la famille, telle que nos lois de succession nous l'ont faite.

Il fut un temps, en effet, où nous savions coloniser. Le Canada, la Louisiane et les Indes sont l'œuvre de la France. Les Anglais ne l'oublient pas et ils prononcent encore avec respect les noms, oubliés par nous, de ces colonisateurs célèbres, qui s'appelaient Montcalm, Dupleix et La Bourdonnais.

Telles sont, Messieurs, les principales raisons qu'invoquent les défenseurs de la Liberté Testamentaire, pour demander la réforme de nos lois d'héritage. Il en est d'autres, d'un ordre plus élevé, qui sont plus particulièrement du domaine de la philosophie et de la morale : je les ai négligées. Elles ne rentraient pas dans mon cadre; car mon intention était de me renfermer dans la méthode expérimentale, qui étudie les faits et les conséquences plutôt que les principes et les causes.

Lorsque, il y a quelque temps déjà, j'étudiai cette question, nouvelle pour moi, de la Réforme testamentaire, j'éprouvai une sorte de surprise; et c'est peut-être le sentiment que je viens de faire naître chez quelques-uns d'entre vous. Ce me fut comme une révélation. Je ne doutais pas auparavant que notre régime de succession ne fût le meilleur de tous, et je m'étonnais que la plupart des grandes nations modernes persistassent à le rejeter. J'ai compris depuis pourquoi elles agissent ainsi, pourquoi notamment l'Amérique du Nord et l'Angleterre, les deux nations les plus commerçantes de notre temps, restent fidèles au principe de la Liberté dans les testaments. C'est même pour elles une chose inexplicable, que notre attachement à un régime qui leur paraît si manifestement vicieux.

M. Le Play raconte [1] que lors de l'Exposition universelle de 1855, il réunit dix citoyens éminents de l'Amérique du Nord et que, devant eux, un jurisconsulte distingué, chaud partisan du Code civil, entreprit la défense de notre loi successorale. « L'étonnement que l'assemblée éprouva « pendant ce plaidoyer, dit M. Le Play, me rappela celui « que j'ai parfois éprouvé dans le cours de mes voyages en « pénétrant dans un pays complètement inconnu, » et il ajoute : « un membre du Sénat américain, qui présidait la « réunion, résuma l'opinion de ses compatriotes, en me « disant : Nous comprenons pour la première fois pour- « quoi la France n'a jamais pu, depuis 1793, concilier la « liberté politique avec la paix publique. Mais la France « est trop intelligente pour rester dans une si profonde « erreur. »

(1) *L'organisation du travail*, p. 260.

C'est qu'en effet, nous apportons presque toujours un parti-pris dans la solution des questions sociales, économiques ou légales. Il est temps de réagir contre ces tendances. La réforme testamentaire nous en offrirait les moyens en réorganisant la propriété et la famille sur des bases d'une solidité éprouvée. Elle permettrait aux masses laborieuses d'accumuler le travail des générations successives, d'arriver par ce moyen à acquérir la possession du sol et de s'élever ainsi aux avantages et à l'indépendance que donne la propriété.

Elle contribuerait puissamment à mettre fin à l'antagonisme des classes. On a dit que, de nos jours, la famille n'était plus qu'un moyen d'hériter. Une loi qui, tenant compte des éternelles nécessités de l'ordre social, replacecerait la famille sur les bases essentielles à sa prospérité, rendrait un signalé service au pays.

Mais, à défaut d'une réforme complète, supprimant toute tutelle légale dans les successions, tout au moins et comme un acheminement vers l'émancipation future de la famille, devrait-on étendre jusqu'à la moitié le minimum de la quotité disponible, et abroger l'article 832 relatif à la composition des lots.

Par ce moyen pourraient être conjurés, dans une certaine mesure, les pernicieux effets de la loi actuelle qui, sous prétexte d'assurer l'égalité, aboutit à un nivellement funeste et traite la capacité et le mérite comme le vice et l'imprévoyance.

La famille serait relevée dans sa prospérité matérielle.

La plaie du fonctionnarisme se fermerait; on verrait disparaître l'encombrement des carrières libérales, improductives pour l'Etat comme pour les individus; les mains qui se plaisent aujourd'hui à tenir la plume reprendraient le manche de la charrue; les jeunes gens qui s'étiolent sans profit dans d'innombrables bureaux, s'emploieraient plus utilement au développement de notre commerce, de notre marine marchande et de nos colonies.

La famille enfin recouvrerait ainsi sa prospérité morale, en reprenant la place qui lui appartient dans la société. Au lieu de disparaître presque à chaque génération, elle pourrait poursuivre le cours de ses destinées et se perpétuer avec ses souvenirs et ses traditions. Les enfants du laboureur, comme les fils de l'ouvrier, du commerçant, du soldat et du magistrat, auraient à cœur de conserver, avec le foyer paternel, le vieux renom d'honorabilité qui s'y rattache ; et, suivant la belle image d'un orateur moderne [1], sur la chaumière du paysan comme sur les palais des riches, on pourrait graver, comme souvenir et comme enseignement, ces paroles de Tacite :

Et majores vestros et posteros cogitate.

(1) M. de Montalembert.

Niort. — Typographie de L. FAVRE.

www.ingramcontent.com/pod-product-compliance
Lightning Source LLC
LaVergne TN
LVHW012022160826
845678LV00002B/979
* 9 7 8 2 3 2 9 6 5 2 8 2 5 *